Rolfs Flötenbüchlein 2

16 fröhliche Lieder zum Spielen und Singen
für zwei C-Blockflöten, Gitarre und Glockenspiel
von Rolf Zuckowski

SIKORSKI MUSIKVERLAGE

Die Jahresuhr

Musik und Text: Rolf Zuckowski
Bearbeitung: Michael Prost

(aus der CD „Die Jahresuhr")

rit.

Mai, Ju - ni, Ju - i, Au - gust, weckt in uns al - len die Le - bens - lust. Sep - tem - ber,__ Ok - to - ber,__ No - vem - ber,__ De - zem - ber__ und dann, und dann fängt das Gan - ze schon wie - der von vor - ne an:

2 × D.C., 2. × al Fine

Ich bau mir eine Höhle

Musik und Text: Rolf Zuckowski
Bearbeitung: Michael Prost

1. Ich bau mir ei - ne Höh - le und dann ver - steck ich mich da - rin. Ich bau mir ei - ne Höh - le und al - le su - chen, wo ich __ bin. Mit Kis - sen und mit De - cken und ei - nem Strauß Ver -

giss-mein-nicht; und in der dunk-len Höh - le, da brennt mein Ta - schen -

lam - pen - licht, da brennt mein Ta - schen - lam - pen - licht.

2 × D.C.

2. Ich bau mir eine Höhle und dann lad ich mir Gäste ein
mit Eis und Schokolade, kommt alle her und macht euch klein.
Hier gibt es tolle Spiele und fröhlich sind wir sowieso,
auch ohne Tisch und Stühle, wir sitzen einfach auf dem Po,
wir sitzen einfach auf dem Po.

3. Ich bau mir eine Höhle und abends, wenn ich müde bin,
dann fang ich an zu gähnen und leg mich auf den Kissen hin.
Da träum ich ganz gemütlich und kuschel mit dem Teddybär.
Wir schlafen beide friedlich und hören von der Welt nichts mehr,
und hören von der Welt nichts mehr.

Kleine Europäer

Musik und Text: Rolf Zuckowski
Bearbeitung: Michael Prost

Eu - ro - pa Kin - der - land, wir ge - ben

uns die Hand. Wo - zu sind Gren - zen da

für Jill und Jack, für Jan und Ju - li - a? Eu - ro - pa

(aus der CD „Starke Kinder")

Leben ist mehr

Musik und Text: Rolf Zuckowski
Bearbeitung: Michael Prost

(aus der CD „Wir wollen Sonne")

H.S. 1137

Träu - men, La - chen und Wei - nen, Le - ben ist Zärt - lich - keit __ und Ge - fühl. __

Le - ben ist Lust und Le - ben ist Lie - be. Zeit für Mu -

sik und Zeit für ein Spiel. __ Le - ben ist

D.S. con rep. al

Tip Tap

Musik: Vilhelm Säfve
Text: Rolf Zuckowski
Bearb.: Zuckowski/O'Brien-Docker/Prost

Tip tap, tip tap, tip-pe tip-pe tip tap, wer ist da denn auf-ge-wacht?

Tip tap, tip tap, tip-pe tip-pe tip tap, mit-ten in der dunk-len Nacht?

Tip tap, tip tap, tip-pe tip-pe tip tap, tip, tip, tap.

(Fine)

(aus der CD „Starke Kinder")

Ich glaub, ich hab dich lieb

Musik und Text: Rolf Zuckowski
Bearbeitung: Michael Prost

(aus der CD „Starke Kinder")

H.S. 1137

Kinder brauchen Träume

Musik und Text: Rolf Zuckowski
Bearbeitung: Michael Prost

Blu - men brau - chen Re - gen und Bie - nen, die sie mö - gen, zwei

Au - gen, die sich dran er - freun und je - de Men - ge Son - nen - schein. Der

Fisch braucht ei - nen kla - ren See, der Pin - gu - in den wei - ßen Schnee. Der

(aus der CD „Frag mir doch kein Loch in 'n Bauch")

Wir sind Kinder

(... der Stoff, aus dem die Zukunft ist)

Musik und Text: Rolf Zuckowski
Bearbeitung: Michael Prost

(Fine)

(aus der CD „Lieder, die wie Brücken sind")

2 × D.C. (1. × con rep., 2. × al Fine)

Wir sind Kinder ...

2. Spiel nicht mit der Wahrheit, denn wir wollen Klarheit, unsre Träume machst du nicht kaputt.
   Und für uns zu denken, das kannst du dir schenken, denn inzwischen können wir es selbst ganz gut.

Wir sind Kinder ...

3. Zeig uns deine Ziele und auch mal Gefühle, es ist gut zu sehn, dass es sie gibt.
   Lass uns die Zähne zeigen, Unrecht nicht verschweigen, oder sind die Herrn da oben immer brav und lieb?

Wir sind Kinder ...

In der Weihnachtsbäckerei

Musik und Text: Rolf Zuckowski
Bearbeitung: Michael Prost

In der Weih-nachts-bä-cke-rei gibt es man-che Le-cke-rei. Zwi-schen

Mehl und Milch macht so man-cher Knilch ei-ne rie-sen-gro-ße Kle-cke-rei, in der

Weih-nachts-bä-cke-rei, in der Weih-nachts-bä-cke-rei.

(Fine)

(aus der CD „Winterkinder")

H.S. 1137

Es schneit

Musik und Text: Rolf Zuckowski
Bearbeitung: Michael Prost

(a tempo)

Es schneit! Es schneit! Kommt al - le aus dem Haus! Die Welt, die Welt sieht wie ge-pu-dert aus. Es schneit! Es schneit! Das müsst ihr ein-fach sehn! Kommt mit! Kommt mit! Wir wol-len ro-deln gehn. Wir lau-fen durch die wei-ße Pracht und

(aus der CD „Winterkinder")

ma-chen ei - ne Schnee-ball-schlacht, a - ber bit - te nicht mit - ten ins Ge-sicht!

wol - len ro-deln gehn. Aus grau wird weiß, aus laut wird leis, die

rit.

Welt wird zu-ge-deckt und von der Früh-lings-son-ne wird sie wie-der auf-ge-weckt.

wol - len ro - deln gehn. Es schneit! Es schneit! Es schreit!

Gloria

(Hört ihr, wie die Engel singen)

Volksweise
Text: Rolf Zuckowski
Bearb.: Zuckowski/O'Brien-Docker/Prost

1. Hört ihr, wie die_ En - gel sin - gen, wie ihr_ Herz vor Freu - de lacht?

Seht, das Licht, das_ sie uns brin - gen, hat die_ Nacht zum Tag ge - macht.

Glo - - - - - - - - - ri - a,

(aus der CD „Winterkinder")

2. Hört ihr, was die Engel sagen? Diese Welt ist nicht verlorn,
denn, um unsre Schuld zu tragen, wurde heut ein Kind geborn.

Gloria, in excelsis Deo. Gloria, in excelsis Deo.

3. Hört ihr, wie die Engel spielen, wie ihr Lied zum Himmel klingt?
So wie sie sollt ihr euch fühlen, dass ihr selbst vor Freude singt:

Gloria, in excelsis Deo. Gloria, in excelsis Deo.

Winterkinder

Musik und Text: Rolf Zuckowski
Bearbeitung: Michael Prost

Win - ter - kin - der kön - nen stun - den - lang am Fens - ter stehn und voll Un - ge - duld hi - nauf zum Him - mel sehn. Win - ter - kin - der, in den Ber - gen o - der an der See, al - le war - ten auf den ers - ten Schnee.

(aus der CD „Winterkinder")

H.S. 1137

H.S. 1137

Kommt, wir wolln Laterne laufen

Musik und Text: Rolf Zuckowski
Bearbeitung: Michael Prost

1. Kommt, wir wolln La - ter - ne lau - fen, zün - det eu - re Ker - zen an!
2. Kommt, wir wolln La - ter - ne lau - fen, das ist uns - re schöns - te Zeit.

Kommt, wir wolln La - ter - ne lau - fen, Kind und Frau und Mann.
Kommt, wir wolln La - ter - ne lau - fen, al - le sind be -

reit.
Je - der soll uns hö - ren,

Hell wie Mond und Ster - ne, leuch - tet die La -
kann sich gern be -

(aus der CD „Die Jahresuhr")

H.S. 1137

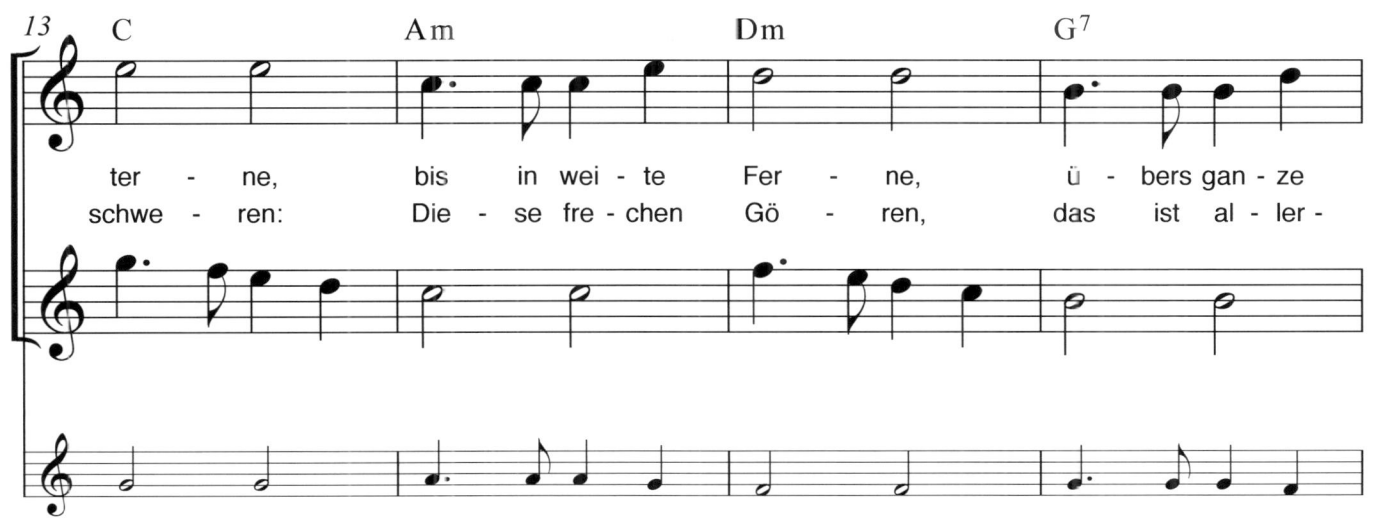

ter - ne, bis in wei - te Fer - ne, ü - bers gan - ze
schwe - ren: Die - se fre - chen Gö - ren, das ist al - ler -

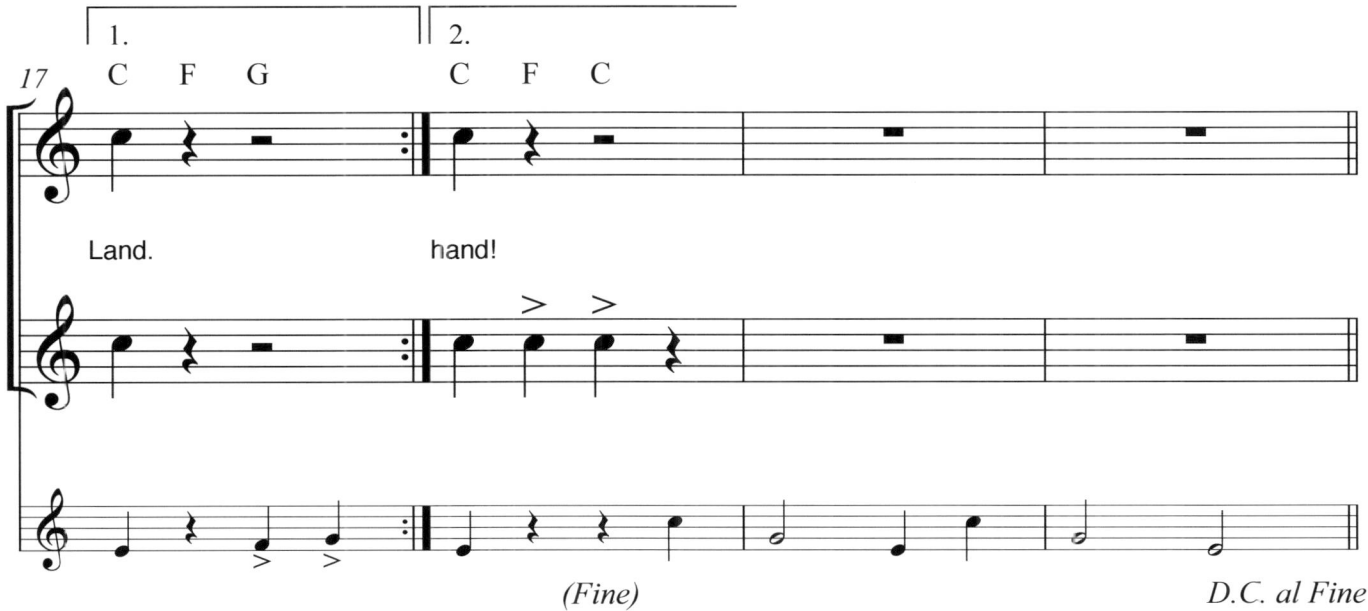

Land.   hand!

(Fine)   D.C. al Fine

3. Kommt, wir wolln Laterne laufen, heute bleibt das Fernsehn aus.
   Kommt, wir wolln Laterne laufen, keiner bleibt zu Haus.

4. Kommt, wir wolln Laterne laufen, nein, wir fürchten nicht die Nacht.
   Kommt, wir wolln Laterne laufen, das wär doch gelacht.

   Hell wie Mond und Sterne, ...

5. Kommt, wir wolln Laterne laufen, bis das letzte Licht verglüht.
   Kommt, wir wolln Laterne laufen, singt mit uns das Lied:

   Hell wie Mond und Sterne, ...

H.S. 1137

Guten Tag, ich bin der Nikolaus

Musik und Text: Rolf Zuckowski
Bearbeitung: Michael Prost

1. Gu-ten Tag, ich bin der Ni-ko-laus. Gu-ten Tag, gu-ten Tag. Mit dem Sack geh ich von

(aus der CD „Winterkinder")

2. Wie der Wind zieh ich durchs ganze Land. Wie der Wind, wie der Wind.
Und am liebsten bleib ich unerkannt. Wie der Wind, wie der Wind.
Stellt die Stiefel raus, stellt die Stiefel raus und dann freut euch auf den Nikolaus!
Guten Tag, ich bin der Nikolaus. Guten Tag, guten Tag.

3. Heute Nacht, wenn alle schlafen gehn, heute Nacht, heute Nacht
könnt ihr mich in euren Träumen sehn, heute Nacht, heute Nacht.
Bis der Morgen graut, bis der Morgen graut und ihr fröhlich in die Stiefel schaut.
Guten Tag, ich bin der Nikolaus. Guten Tag, guten Tag.

Wann kommst du, Weihnachtsmann

(Petit Papa Noël)

Musik: Henri Martinet
Text: Raymond Vincy
Deutscher Spez.-Text: Jörg von Schenkendorff/
Rolf Zuckowski
Bearbeitung: Michael Prost

1. Wann kommst du, Weih-nachts-mann, mit dem gro-ßen Schlit-ten an, ganz voll - be-packt bis o-ben hin? Und was ist in dei-nen Sä-cken drin? Ach, komm doch, Weih-nachts - mann, weil ich's kaum er - war-ten kann. Mein

(aus der CD „Winterkinder")

2. Wann kommst du, Weihnachtsmann, mit dem großen Schlitten an?
Ich weiß, dein Weg ist ziemlich weit, hoffentlich verpasst du nicht die Zeit.

Ach, komm doch, Weihnachtsmann, weil ich's kaum erwarten kann.
Ich will auch ganz bescheiden sein, nur ein Auto, doch bitte nicht zu klein.

Sag, hast du gehört, was die Leute reden, wenn man von dir träumt, so wie ich?
Jemand hat gesagt, es würd dich nicht geben, wenn es Träume gibt, gibt's auch dich!

Ach, komm doch, Weihnachtsmann, weil ich's kaum erwarten kann.
Ich will auch ganz bescheiden sein, nur ein Auto, doch bitte nicht zu klein.

Höchste Zeit

Musik und Text: Rolf Zuckowski
Bearbeitung: Michael Prost

Ma - mi, es ist höchs - te Zeit zum Ge - schen - ke pa - cken,

au - ßer - dem, wir woll - ten doch Weih - nachts - plätz - chen ba - cken.

5 × D.C., 5. × al Fine

(aus der CD „Wir warten auf Weihnachten")

H.S. 1137   Printed in Germany

Die Jahresuhr

Januar, Februar, März, April,
die Jahresuhr steht niemals stll.
Januar, Februar, März, April,
die Jahresuhr steht niemals still.

Mai, Juni, Juli, August
weckt in uns allen die Lebenslust.
Mai, Juni, Juli, August
weckt in uns allen die Lebenslust.

September, Oktober, November, Dezember
und dann, und dann
fängt das Ganze schon wieder von vorne an.

Januar, Februar, März, April,
die Jahresuhr steht niemals stll.
Januar, Februar, März, April,
die Jahresuhr steht niemals still.

Mai, Juni, Juli, August
weckt in uns allen die Lebenslust.
Mai, Juni, Juli, August
weckt in uns allen die Lebenslust.

September, Oktober, November, Dezember
und dann, und dann
fängt das Ganze schon wieder von vorne an.

Ich bau mir eine Höhle

Ich bau mir eine Höhle
und dann versteck ich mich darin.
Ich bau mir eine Höhle
und alle suchen, wo ich bin.
Mit Kissen und mit Decken
und einem Strauß Vergissmeinnicht;
und in der dunklen Höhle,
da brennt mein Taschenlampenlicht,
da brennt mein Taschenlampenlicht.

Ich bau mir eine Höhle
und dann lad ich mir Gäste ein
mit Eis und Schokolade,
kommt alle her und macht euch klein.
Hier gibt es tolle Spiele
und fröhlich sind wir sowieso,
auch ohne Tisch und Stühle,
wir sitzen einfach auf dem Po,
wir sitzen einfach auf dem Po.

Ich bau mir eine Höhle
und abends, wenn ich müde bin,
dann fang ich an zu gähnen
und leg mich auf den Kissen hin.
Da träum ich ganz gemütlich
und kuschel mit dem Teddybär.
Wir schlafen beide friedlich
und hören von der Welt nichts mehr,
und hören von der Welt nichts mehr.

Kleine Europäer

Europa - Kinderland,
wir geben uns die Hand.
Wozu sind Grenzen da
für Jill und Jack, für Jan und Julia?

Kleine Europäer
rücken immer näher,
immer näher aufeinander zu.
Wie ich und du.

Gehn auf ihren Wegen
sich ein Stück entgegen.
Grüezi! Come va? How do you do?
How do you do?

Fährst du nach Kastilien
oder nach Sizilien?
Sag mal, wo kommst du denn grade her,
so ungefähr?

So hört man sie reden
bis hinauf nach Schweden
und sie tun, als ob das gar nichts wär.

Europa - Kinderland,
wir geben uns die Hand.
Wozu sind Grenzen da
für Jill und Jack, für Jan und Julia?

Europa - Kinderland,
wir geben uns die Hand,
doch Kinder werden groß
und ihre Träume werden grenzenlos.

Kleine Europäer
rücken immer näher,
immer näher aufeinander zu.
Wie ich und du.

Denken ohne Schranken,
frei sind die Gedanken.
Pronto? Qu'est-ce Que c'est? Was sagst du nu?
Tiramisu.

Trinken oder speisen,
wenn sie mal verreisen,
was man von zu Hause gar nicht kennt
oder verpennt.

Hören neue Lieder,
fragen immer wieder,
wie man dies und das woanders nennt.

Europa - Kinderland,
wir geben uns die Hand.
Wozu sind Grenzen da
für Jill und Jack, für Jan und Julia?

Europa - Kinderland,
wir geben uns die Hand,
doch Kinder werden groß
und ihre Träume werden grenzenlos.

Kleine Europäer
rücken immer näher,
immer näher aufeinander zu.
Wie ich und du.

Leben ist mehr

Leben ist mehr als Rackern und Schuften,
Leben ist mehr als Kohle und Kies.
Leben ist mehr als Warten auf Morgen,
Leben ist jetzt, Leben ist dies.

Leben ist mehr als Hetzen und Jagen,
Leben ist mehr als nur Theorie.
Leben ist mehr als Zweifeln und Fragen,
Leben ist hier, jetzt oder nie.

Leben ist Träumen, Lachen und Weinen,
Leben ist Zärtlichkeit und Gefühl.
Leben ist Lust und Leben ist Liebe,
Zeit für Musik und Zeit für ein Spiel.

Leben ist mehr als Rackern und Schuften,
Leben ist mehr als Kohle und Kies.
Leben ist mehr als Warten auf Morgen,
Leben ist jetzt, Leben ist dies.

Leben ist mehr als Hetzen und Jagen,
Leben ist mehr als nur Theorie.
Leben ist mehr als Zweifeln und Fragen,
Leben ist hier, jetzt oder nie.

Leben ist, miteinander zu reden,
Leben ist, aufeinander zu baun.
Leben ist, füreinander zu kämpfen,
Leben ist Hoffnung, Mut und Vertraun.

Leben ist mehr als Rackern und Schuften,
Leben ist mehr als Kohle und Kies.
Leben ist mehr als Warten auf Morgen,
Leben ist jetzt, Leben ist dies.

Leben ist, miteinander zu reden,
Leben ist, aufeinander zu baun.
Leben ist, füreinander zu kämpfen,
Leben ist Hoffnung, Mut und Vertraun.

Leben ist mehr als Rackern und Schuften,
Leben ist mehr als Kohle und Kies.
Leben ist mehr als Warten auf Morgen,
Leben ist jetzt, Leben ist dies.

Tip tap

Tip tap, tip tap, tippe tippe tip tap,
wer ist da denn aufgewacht?
Tip tap, tip tap, tippe tippe tip tap,
mitten in der dunklen Nacht.
Tip tap, tip tap, tippe tippe tip tap, tip tip tap.

Tip tap ...
schleicht da nicht ein Geist durchs Haus?
Tip tap ...
wer kriegt das Geheimnis raus?
Tip tap ...

Seht den Schatten oben auf der Treppe.
Mannomann, wie ist der groß!
Wenn ich jetzt den Hund nur bei mir hätte.
So ein Pech! Was mach ich bloß?
Tip tap ...

Keine Angst, es wird schon nichts passieren,
noch ein bisschen näher ran.
Kommt, wir kriechen hin auf allen Vieren,
bis man mehr erkennen kann.
Tip tap ...

Seht, der Geist verschwindet in der Küche,
öffnet leis die Kühlschranktür,
schnuppert all die köstlichen Gerüche,
seht mal da, ich dacht es mir:
So ein Schleckermaul ist nur der Geist,
der Papa heißt!

Tip tap ...
seht mal, wie er laufen kann.
Tip tap ...
Gleich fängt er zu fliegen an.
Schnell ins Bett und beide Augen zu,
für heut ist Ruh.

Ich glaub, ich hab dich lieb

Ich glaub, ich hab dich lieb.
Das hab ich bisher noch keinem gesagt.
ich glaub ich hab dich lieb.
Das zu schreiben, hab ich niemals gewagt,
doch du machst mir Mut,
dein Blick tut mir so gut.

Ich kann fliegen, seit ich deine Augen sah.
Ich kann fliegen und der Himmel scheint so nah.
Ich kann fliegen, es ist schöner als im Traum.
Ich kann fliegen, aber denken kann ich kaum.

Ich glaub, ich hab dich lieb.
In der Nacht krieg ich kein Auge mehr zu.
Ich glaub, ich hab dich lieb,
denn in meinem Kopf bist immer nur du.
Ja, du machst mir Mut,
dein Blick tut mir so gut.

Ich kann fliegen, seit ich deine Augen sah.
Ich kann fliegen und der Himmel scheint so nah.
Ich kann fliegen, es ist schöner als im Traum.
Ich kann fliegen, aber denken kann ich kaum.

Ich glaub, ich hab dich lieb.
Meine Freundin sagt, man sieht es mir an.
Ich glaub, ich hab dich lieb
und vielleicht siehst du es auch irgendwann.
Denn du machst mir Mut,
dein Blick tut mir so gut.

Und doch sagt mir dein Gesicht:
Du weißt es noch immer nicht.
Lang halt ich das nicht mehr aus,
dann muss es raus.

Ich kann fliegen, seit ich deine Augen sah.
Ich kann fliegen und der Himmel scheint so nah
Ich kann fliegen, es ist schöner als im Traum.
Ich kann fliegen, aber denken kann ich kaum.

Ich glaub, ich hab dich lieb.

Kinder brauchen Träume

Blumen brauchen Regen
und Bienen, die sie mögen,
zwei Augen, die sich dran erfreun
und jede Menge Sonnenschein.
Der Fisch braucht einen klaren See,
der Pinguin den weißen Schnee.
Der Baum braucht Luft, die ihn atmen lässt,
die Maus ihr Loch und der Spatz sein Nest
und Kinder brauchen Träume.
Kinder brauchen Träume.

Lieder brauchen Seelen,
die spürn, was sie erzählen,
ein Fest, auf dem man fröhlich singt,
ein Haus, in dem Musik erklingt.

Märchen brauchen Zwerge
und Riesen groß wie Berge,
den Wald mit einer Hexe drin
und eine schöne Königin.

Der Clown braucht nur sein Zirkuszelt
und einen, der ein Bein ihm stellt.
Die Fee braucht nichts, was es jemals gab.
Na, doch vielleicht ihren Zauberstab
und Kinder brauchen Träume.
Kinder brauchen Träume.

Wir sind Kinder
(... der Stoff, aus dem die Zukunft ist)

Wir sind Kinder,
der Stoff, aus dem die Zukunft ist.
Wir sind Kinder,
pass auf, dass du das nie vergisst.
Wir sind Kinder,
und der, dem wir nur lästig sind,
wir sind Kinder,
der war wohl selbst nie ein Kind.

Bangemachen gilt nicht,
Sprüchemachen zählt nicht,
hör uns zu und nimm uns ernst dabei.
Willst du uns nicht beugen,
musst du überzeugen,
aber red nicht immer um den heißen Brei!

Wir sind Kinder,
der Stoff, aus dem die Zukunft ist.
Wir sind Kinder,
pass auf, dass du das nie vergisst.
Wir sind Kinder,
und der, dem wir nur lästig sind,
wir sind Kinder,
der war wohl selbst nie ein Kind.

Spiel nicht mit der Wahrheit,
denn wir wollen Klarheit,
unsre Träume machst du nicht kaputt.
Und für uns zu denken,
das kannst du dir schenken,
denn inzwischen können wir es selbst ganz gut.

Zeig uns deine Ziele
und auch mal Gefühle,
es ist gut zu sehn, dass es sie gibt.
Lass uns die Zähne zeigen,
Unrecht nicht verschweigen,
oder sind die Herrn da oben immer brav und lieb?

Wir sind Kinder,
der Stoff, aus dem die Zukunft ist.
Wir sind Kinder,
pass auf, dass du das nie vergisst.
Wir sind Kinder,
und der, dem wir nur lästig sind,
wir sind Kinder,
der war wohl selbst nie ein Kind.

Wir sind Kinder!
Wir sind Kinder!
Wir sind Kinder!

In der Weihnachtsbäckerei

In der Weihnachtsbäckerei
gibt es manche Leckerei.
Zwischen Mehl und Milch
macht so mancher Knilch
eine riesengroße Kleckerei.
In der Weihnachtsbäckerei,
in der Weihnachtsbäckerei.

Wo ist das Rezept geblieben
von den Plätzchen, die wir lieben?
Wer hat das Rezept verschleppt?

Na, dann müssen wir es packen,
einfach frei nach Schnauze backen.
Schmeißt den Ofen an –
und ran!

In der Weihnachtsbäckerei
gibt es manche Leckerei.
Zwischen Mehl und Milch
macht so mancher Knilch
eine riesengroße Kleckerei.
In der Weihnachtsbäckerei,
in der Weihnachtsbäckerei.

Brauchen wir nicht Schokolade,
Honig, Nüsse und Sukkade
und ein bisschen Zimt?
Das stimmt.

Butter, Mehl und Milch verrühren,
zwischendurch einmal probieren,
und dann kommt das Ei –
vorbei.

In der Weihnachtsbäckerei
gibt es manche Leckerei.
Zwischen Mehl und Milch
macht so mancher Knilch
eine riesengroße Kleckerei.
In der Weihnachtsbäckerei,
in der Weihnachtsbäckerei.

Bitte mal zur Seite treten,
denn wir brauchen Platz zum Kneten.
Sind die Finger rein?
Du Schwein!

Sind die Plätzchen, die wir stechen,
erst mal auf den Ofenblechen,
warten wir gespannt –
verbrannt.

In der Weihnachtsbäckerei
gibt es manche Leckerei.
Zwischen Mehl und Milch
macht so mancher Knilch
eine riesengroße Kleckerei.
In der Weihnachtsbäckerei,
in der Weihnachtsbäckerei.

Es schneit

Es schneit! Es schneit!
Kommt alle aus dem Haus!
Die Welt, die Welt
sieht wie gepudert aus.
Es schneit! Es schneit!
Das müsst ihr einfach sehn!
Kommt mit! Kommt mit!
Wir wollen rodeln gehn.

Wir laufen durch die weiße Pracht
und machen eine Schneeballschlacht,
aber bitte nicht
mitten ins Gesicht!

Es schneit! Es schneit!
Kommt alle aus dem Haus!
Die Welt, die Welt
sieht wie gepudert aus.
Es schneit! Es schneit!
Das müsst ihr einfach sehn!
Kommt mit! Kommt mit!
Wir wollen rodeln gehn.

Wir holen unsre Schlitten raus
und laufen in den Wald hinaus
und dann bauen wir
den Schneemann vor der Tür.

Es schneit! Es schneit!
Kommt alle aus dem Haus!
Die Welt, die Welt
sieht wie gepudert aus.
Es schneit! Es schneit!
Das müsst ihr einfach sehn!
Kommt mit! Kommt mit!
Wir wollen rodeln gehn.

Aus grau wird weiß,
aus laut wird leis,
die Welt wird zugedeckt
und von der Frühlingssonne
wird sie wieder aufgeweckt.

Es schneit! ...

Gloria
(Hört ihr, wie die Engel singen)

Hört ihr, wie die Engel singen,
wie ihr Herz vor Freude lacht?
Seht, das Licht, das sie uns bringen,
hat die Nacht zum Tag gemacht.

Gloria in excelsis Deo!
Gloria in excelsis Deo!

Hört ihr, was die Engel sagen?
Diese Welt ist nicht verlorn,
denn um unsre Schuld zu tragen,
wurde heut ein Kind geborn.

Gloria in excelsis Deo!
Gloria in excelsis Deo!

Hört, ihr wie die Engel spielen,
wie ihr Lied zum Himmel klingt?
So wie sie sollt ihr euch fühlen,
dass ihr selbst voll Freude singt:

Gloria in excelsis Deo!
Gloria in excelsis Deo!

Winterkinder

Winterkinder können stundenlang
am Fenster stehn
und voll Ungeduld hinauf
zum Himmel sehn.
Winterkinder in den Bergen
oder an der See,
alle warten auf den ersten Schnee.

Sie wollen nicht immer nur durch
graue Nebel schaun,
sie wollen lieber einen großen
Schneemann baun.

Winterkinder können stundenlang
am Fenster stehn
und voll Ungeduld hinauf
zum Himmel sehn.
Winterkinder in den Bergen
oder an der See,
alle warten auf den ersten Schnee.

Sie träumen vom Schlittschuhlaufen
und der Rodelbahn
und davon, endlich wieder Schuss
ins Tal zu fahrn.

Winterkinder können stundenlang
am Fenster stehn ...

Kommt, wir wolln Laterne laufen

Sommerkinder fangen Sonnenstrahlen
und hüten sie wie ihren größten Schatz,
doch wenn die Tage kürzer werden,
ist es bald soweit,
dann bringen sie uns Licht und Wärme
in die Dunkelheit.

Kommt, wir wolln Laterne laufen,
zündet eure Kerzen an!
Kommt, wir wolln Laterne laufen,
Kind und Frau und Mann.

Kommt, wir wolln Laterne laufen,
das ist unsre schönste Zeit.
Kommt, wir wolln Laterne laufen,
alle sind bereit!

Hell wie Mond und Sterne
leuchtet die Laterne
bis in weite Ferne
übers ganze Land.
Jeder soll uns hören,
kann sich gern beschweren:
„Diese frechen Gören,
das ist allerhand!"

Kommt, wir wolln Laterne laufen,
heute bleibt das Fernsehn aus.
Kommt, wir wolln Laterne laufen,
keiner bleibt zu Haus.

Kommt, wir wolln Laterne laufen.
nein, wir fürchten nicht die Nacht.
Kommt, wir wolln Laterne laufen,
das wär doch gelacht.

Hell wie Mond und Sterne ...

Kommt, wir wolln Laterne laufen,
bis das letzte Licht verglüht.
Kommt, wir wolln Laterne laufen,
singt mit uns das Lied:

Hell wie Mond und Sterne ...

Das ist allerhand!

Guten Tag, ich bin der Nikolaus

Guten Tag, ich bin der Nikolaus.
Guten Tag, guten Tag.
Mit dem Sack geh ich von Haus zu Haus.
Guten Tag, guten Tag.
Es gibt viel zu tun, es gibt viel zu tun,
ich hab keine Zeit, mich auszuruhn.
Guten Tag, ich bin der Nikolaus.
Guten Tag, guten Tag.

Wie der Wind zieh ich durchs ganze Land.
Wie der Wind, wie der Wind.
Und am liebsten bleib ich unerkannt.
Wie der Wind, wie der Wind.
Stellt die Stiefel raus, stellt die Stiefel raus
und dann freut euch auf den Nikolaus!
Guten Tag, ich bin der Nikolaus.
Guten Tag, guten Tag.

Heute Nacht, wenn alle schlafen gehn,
heute Nacht, heute Nacht,
könnt ihr mich in euren Träumen sehn,
heute Nacht, heute Nacht.
Bis der Morgen graut, bis der Morgen graut
und ihr fröhlich in die Stiefel schaut.
Guten Tag, ich bin der Nikolaus.
Guten Tag, guten Tag.
Guten Tag, guten Tag.

Wann kommst du, Weihnachtsmann
(Petit Papa Noël)

Wann kommst du, Weihnachtsmann,
mit dem großen Schlitten an?
Ganz voll bepackt bis obenhin
und was ist in deinen Säcken drin?

Ach komm doch, Weihnachtsmann,
weil ich's kaum erwarten kann.
Mein Wunsch ist wirklich nicht sehr groß,
ich wünsch mir eine neue Puppe bloß.
„... und dazu noch eine Puppenstube, mh?"

„Findest du den Weg aus der dunklen Ferne?",
das hab ich Mama heut gefragt.
„Kinderträume leuchten wie helle Sterne!",
hat sie mir zur Antwort gesagt.

Ach komm doch, Weihnachtsmann,
weil ich's kaum erwarten kann.
Mein Wunsch ist wirklich nicht sehr groß,
ich wünsch mir eine neue Puppe bloß.

Wann kommst du, Weihnachtsmann,
mit dem großen Schlitten an?
Ich weiß, dein Weg ist ziemlich weit,
hoffentlich verpasst du nicht die Zeit.

Ach komm doch, Weihnachtsmann,
weil ich's kaum erwarten kann.
Ich will auch ganz bescheiden sein,
nur ein Auto, doch bitte nicht zu klein.
„... mit Fernsteuerung, ja?"

Sag, hast du gehört, was die Leute reden,
wenn man von dir träumt, so wie ich?
Jemand hat gesagt, es würd dich nicht geben,
wenn es Träume gibt, gibt's auch dich!

Ach komm doch, Weihnachtsmann,
weil ich's kaum erwarten kann.
Ich will auch ganz bescheiden sein,
nur ein Auto, doch bitte nicht zu klein.
„... oder vielleicht eine elektrische Eisenbahn?"
„... vielleicht Rollerskates?"
„... ach, Hauptsache ist, du kommst überhaupt!"

Höchste Zeit

Mami, es ist höchste Zeit
zum Geschenke-Packen.
Außerdem, wir wollten doch
Weihnachtsplätzchen backen.

Papi, es ist höchste Zeit,
ich seh uns schon laufen,
um wieder mal am letzten Tag
den Tannenbaum zu kaufen.

Oma, es ist höchste Zeit,
wird es dir wohl glücken,
grade noch zum Weihnachtsfest
mein Puppenkleid zu stricken?

Opa, es ist höchste Zeit,
ich seh dich schon schwitzen,
doch ich glaub du schaffst es noch,
mein Segelboot zu schnitzen.

Christkind, es ist höchste Zeit,
wir können's kaum erwarten.
Heute Morgen kamen schon
die ersten Weihnachtskarten.

Blockflöten - Grifftabelle

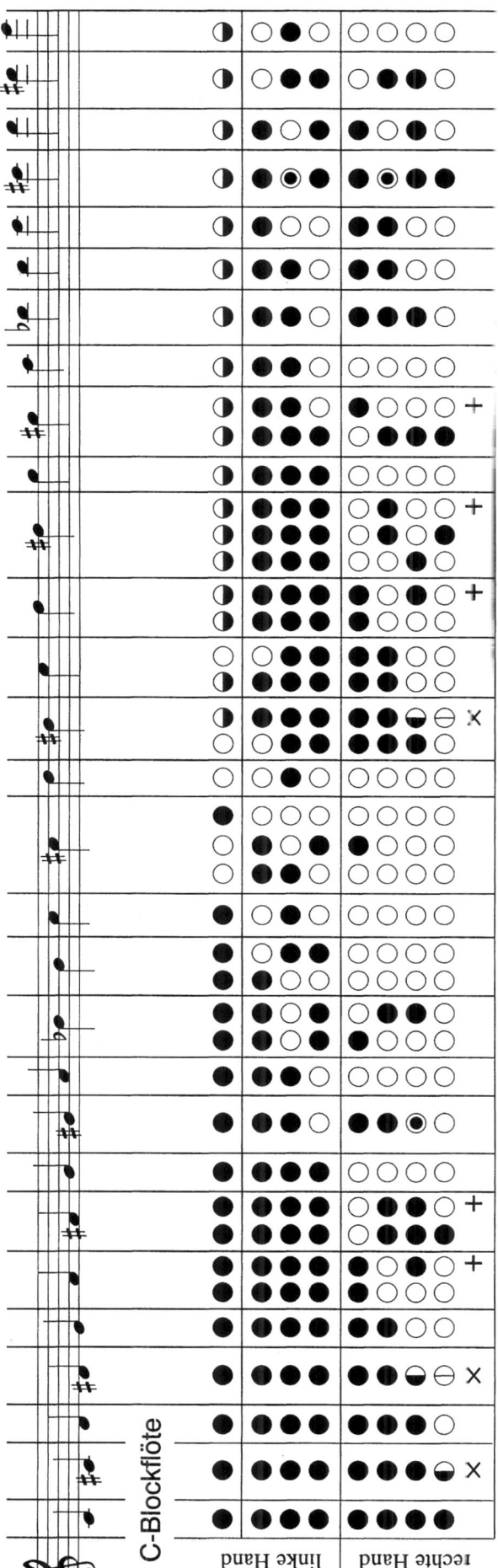

Gitarren - Grifftabelle

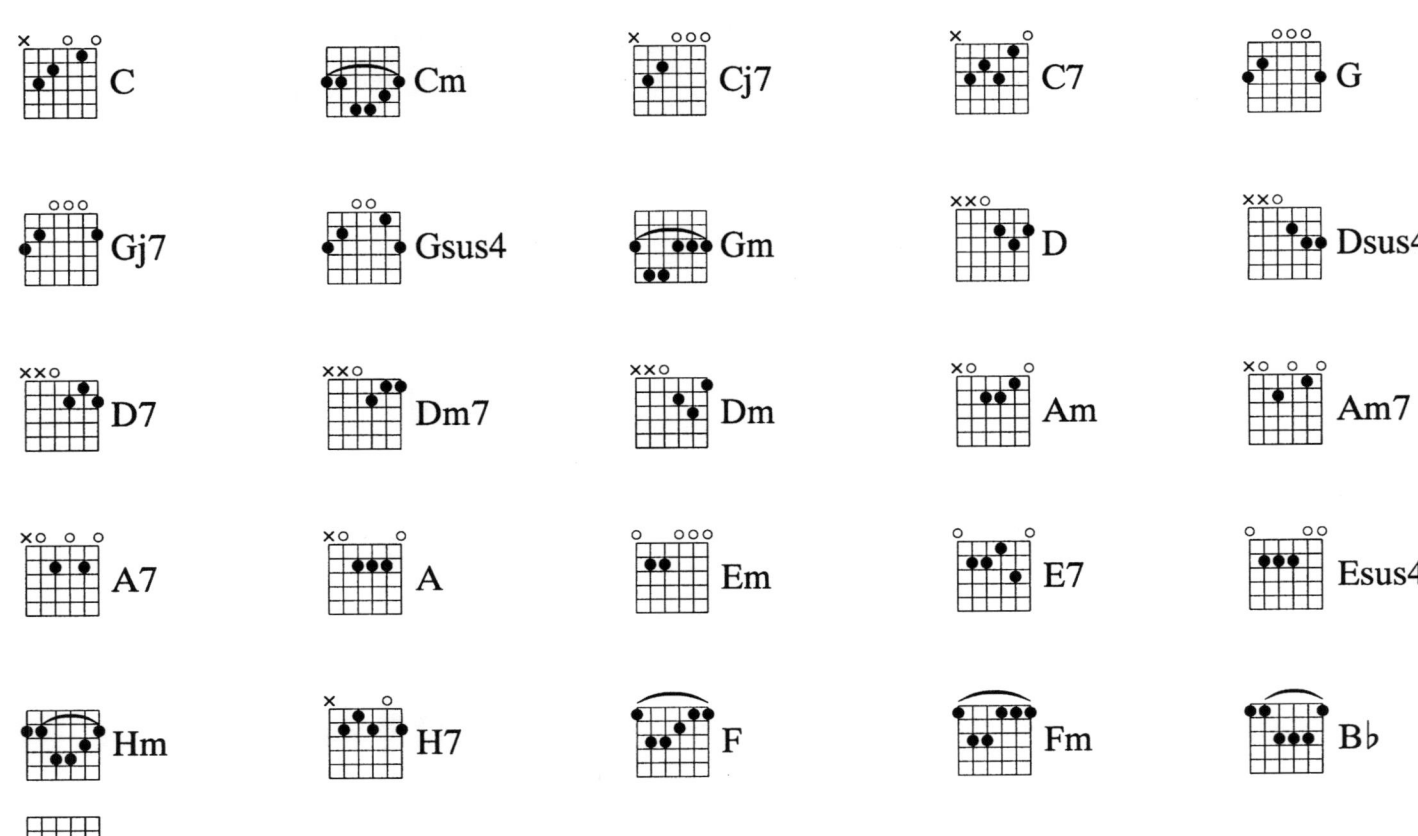

Inhalt:

Am Anfang jedes Liedes ist die Tonart und der Tonumfang der Flöten-
stimmen angegeben.

Sikorski 1137
ISMN 979-0-003-02849-1
ISBN 978-3-920880-72-3
Titelillustration: Julia Ginsbach
Covergestaltung: Stephanie Türck
Printed in Germany
© by Musikverlag Hans Sikorski GmbH, Berlin